RETROUVEZ ANATOLE
DANS LA BIBLIOTHÈQUE ROSE

Anatole est prêt à tout

Anatole a toujours le dernier mot

Quand Anatole s'en mêle

Anatole ne veut rien savoir

Francesca Simon

Anatole ne veut rien savoir

Traduit de l'anglais par Marianne Costa
Illustrations de Tony Ross

HACHETTE

L'édition originale de ce roman
a paru en langue anglaise
chez Orion Children's Books,
sous le titre :
HORRID HENRY'S NITS

Hachette Livre, 43, quai de Grenelle, 75015 Paris.

Chapitre 1

Anatole et la guerre des poux

Scritch, scritch, scritch.

Papa se grattait frénétiquement la tête.

« S'il te plaît, cesse de te gratter, le supplia maman. Nous sommes en train de manger. »

Mais bientôt ce fut au tour de maman d'avoir des démangeaisons.

« Ah, ah, toi aussi ! s'exclama papa. Je te rappelle qu'on ne se gratte pas pendant le dîner ! »

Au même moment, Anatole passa la main dans ses cheveux et...

« Anatole ! s'écrièrent papa et maman en chœur. Arrête de te gratter ! »

Maman posa sa fourchette sur la table, l'air soupçonneux.

« Est-ce que par hasard... dis-moi, Anatole, tu n'aurais pas de nouveau des poux ?

— Moi ? Jamais de la vie !

— Viens ici...

— Mais pourquoi ?

— Je veux vérifier. »

Anatole se leva aussi lentement que possible. Ce n'était pas juste. Pourquoi est-ce que les poux l'aimaient autant ? Ils semblaient prendre sa tête pour un paradis. Sans doute y faisaient-ils des fêtes, et peut-être même qu'ils invitaient leurs amis à venir y passer les vacances...

Maman avait sorti le peigne fin. En le passant dans les cheveux

d'Anatole, elle fit une grimace.

« Et voilà. C'est bien ce que je pensais. Une colonie de poux !

— Ah oui ? répondit Anatole. Laisse-moi les compter, pour voir... »

Il voulait savoir exactement combien de locataires il abritait.

« Un, deux, trois... quarante-cinq, quarante-six, quarante-sept ! conclut-il en laissant tomber le dernier pou sur une serviette en papier.

— C'est malpoli de compter ses poux, intervint Petit Ange, le frère cadet d'Anatole, en s'essuyant la bouche avec une serviette toute propre. N'est-ce pas, maman ?

— En effet, mon chéri, ça ne se fait pas », confirma maman.

Pendant ce temps-là, papa, qui avait emprunté le peigne fin, poussa un gémissement de désespoir.

« Et voilà ! Moi aussi, j'en ai attrapé !

— Voyons si j'en ai..., dit maman en se peignant. Flûte alors ! Moi aussi... Viens, Petit Ange, que je regarde dans tes cheveux. »

Mais comme d'habitude, Petit Ange était impeccable. Maman eut beau passer le peigne une fois, deux fois, trois fois, elle ne trouva pas le moindre pou.

« C'est très bien, mon chéri, lui murmura-t-elle en souriant.

— Oh, tu sais, répondit Petit Ange d'un air modeste, c'est seulement parce que je me lave les cheveux tous les soirs ! »

Anatole poussa un grognement. Bien sûr, lui, il ne se lavait jamais les cheveux. Il avait horreur de ça...

« Mais les poux adorent les cheveux propres ! objecta-t-il.

— Même pas vrai ! Moi, j'ai toujours les cheveux propres, et je n'ai jamais eu de poux ! »

Anatole se mit à rire sous cape. Une idée venait de germer dans son esprit. Comme personne ne le regardait, il ramassa quelques-uns de ses propres poux égarés sur la serviette en papier et s'avança vers Petit Ange. Puis, l'air de rien, il lui passa la main dans les cheveux.

ET HOP !

« Maman ! s'exclama Petit Ange, Anatole me tire les cheveux !

— Arrête, Anatole ! ordonna papa.

— Mais je ne lui tire pas les cheveux ! Je voulais voir combien ils sont propres... Et je trouve que vraiment, ils sont très doux, poursuivit Anatole d'un air hypocrite. Comme j'aimerais avoir des cheveux aussi propres que les tiens, Petit Ange ! »

Petit Ange était ravi. Il était rare qu'Anatole lui fasse un compliment.

« Bon, intervint maman l'air décidé, tout le monde dans la salle de bains. C'est l'heure du shampooing.

— OH NON ! hurla Anatole. NON ! TOUT MAIS PAS LE SHAMPOOING ! »

Il avait horreur de ce shampooing antipoux, une mixture abominable, puante et épaisse. Mais ce jour-là, Mme Cravache, la maîtresse, les avait renvoyés chez eux avec une lettre adressée à tous les parents d'élèves :

Bien entendu, Anatole s'était empressé de jeter la lettre à la poubelle sans la montrer à ses parents. Et évidemment, par malchance, maman l'avait vu se gratter.

« Il faut faire un shampooing, Anatole, lui expliqua papa. C'est la seule façon de se débarrasser des poux.

— Mais ça ne marche jamais ! » cria Anatole en tentant de s'enfuir.

Ses parents le rattrapèrent par un pan de ses vêtements et le traînèrent, hurlant et gigotant, jusqu'à la salle de bains.

« Les poux sont des créatures vivantes ! mugissait Anatole. Il ne faut pas les tuer !

— Mais ils sucent le sang ! » répliqua papa.

Idée intéressante. Anatole n'avait jamais vu les choses sous cet angle. Au fond, les poux étaient un peu comme les vampires et autres créatures sympathiques...

Pendant qu'il réfléchissait à ce thème passionnant, maman en profita pour lui vider la bouteille de Shampou-Mort-aux-Poux sur la tête.

« NON ! » hurla Anatole en secouant la tête dans tous les sens.

L'instant d'après, il y avait du shampooing sur la porte, le carrelage, les vêtements de papa et la jupe de maman, partout sauf sur la tête d'Anatole.

« On réglera ça plus tard, le menaça papa en essuyant les

taches de shampooing sur sa chemise.

— Oh ! soupira Petit Ange en passant la tête dans la salle de bains, que d'agitation pour si peu de chose ! »

Anatole se jeta sur lui, mais maman eut juste le temps de le saisir par son pull pour le tirer en arrière.

« Ne parle pas comme ça à ton frère, Petit Ange, dit-elle avec douceur. Ce n'est pas très gentil pour lui. Après tout, il n'est pas aussi courageux que toi.

— Tu as raison, maman. J'ai été méchant avec Anatole. Du plus profond du cœur, je le regrette. Me pardonnes-tu, Anatole ? »

Anatole leva les yeux au ciel et ne répondit rien. Mais maman était rayonnante.

« Ça, ce sont des excuses ! Bravo, mon petit chéri. Quant à toi, Anatole... Eh bien, je rachèterai du shampooing demain.

— Ouf ! songea Anatole en se grattant la tête. Un jour de répit ! »

Le lendemain matin, à l'école, un groupe de parents d'élèves se précipita dans la classe dès l'ouverture des portes en agitant la lettre de Mme Cravache.

« Ma petite Margaret n'a jamais eu de poux ! Ma pauvre petite princesse ! Comment osez-vous nous envoyer une lettre pareille ? gémissait la mère de Margaret.

— Mon Julien, des poux ? Quelle idée ! criait la mère de Julien.

— Bob est un garçon propre ! Propre, vous m'entendez ? tonnait le père de Bob. Cette classe abrite un sale petit pouilleux, et mon fils est accusé à sa place ! »

Mme Cravache s'avança vers eux avec un geste apaisant.

« Soyez tranquilles, le ou les coupables seront démasqués. J'ai déclaré la guerre aux poux ! »

Scritch, scritch, scritch.

Mme Cravache se retourna d'un bond.

« Qui se gratte ? » s'exclama-t-elle.

Silence.

Penché sur son cahier, Anatole s'efforçait de se faire oublier.

« C'est Anatole, annonça Margaret. Je l'ai vu.

— Menteuse ! s'écria Anatole. C'est Nicolas ! »

Nicolas éclata en sanglots.

« Ce n'est pas vrai ! Je ne me gratte pas ! »

Mme Cravache promena sur la classe un regard grave.

« Je vais vérifier une fois pour toutes qui a des poux et qui n'en a pas, gronda-t-elle.

— Moi, je n'en ai pas ! riposta Margaret Mal-Lunée.

— Moi non plus ! ajouta Martin.

— Ni moi, renchérit Anatole.

— Silence ! coupa Mme Cravache. J'ai fait appel aux services de Mlle Duroc, l'infirmière spécialisée dans la recherche des poux. Elle sera là dans quelques minutes, et grâce à elle nous saurons qui est infesté et qui ne l'est pas ! »

Anatole se mordit les lèvres. Comment allait-il faire pour échapper au regard perçant et au peigne de Mlle Duroc ? Quelle humiliation ! Le monde entier allait découvrir qu'il avait des poux. Martin se moquerait de lui jusqu'à la fin des temps, et sa mère lui ferait des shampooings tous les soirs. Sans parler de la lettre antipoux, qu'il avait jetée à la poubelle...

Il était encore temps de feindre une crise de mal de ventre et de se faire renvoyer d'urgence chez lui. Mais Mlle Duroc ne manquerait pas de lui passer le peigne fin avant son départ, et la supercherie serait découverte.

Anatole songea un moment à sortir de la classe en hurlant qu'il avait attrapé la maladie de la vache folle... Mais Mme Cravache ne le croirait sans doute pas.

Il n'y avait pas d'issue. Cette fois, il était perdu. À moins que...

Une idée lui traversa l'esprit. Une idée tellement astucieuse, mais tellement abominable, qu'il hésita un instant à la mettre en pratique. Mais il n'y avait pas d'autre moyen. À la guerre comme à la guerre.

Anatole se pencha vers Charlotte, sa voisine, et effleura légèrement sa tête de la sienne.

ET HOP !

« Fiche-moi la paix, Anatole, grinça Charlotte.

— Je voulais seulement admirer ton joli dessin ! » protesta Anatole.

Puis il se leva, en faisant mine de chercher un crayon. Sur son chemin, il effleura Max et Félix.

ET HOP ! HOP !

Gratte, gratte, gratte. Gratte, gratte, gratte.

« Ouille ! s'écria Félix.

— Désolé, s'excusa Anatole. Je suis tellement maladroit... Oh ! »

Tout en parlant, il fit mine de

glisser sur le tapis et atterrit tout près de Nicolas.

ET HOP !

« Ça va pas, non ! gémit Nicolas.

— Anatole ! Assieds-toi tout de suite ! tonna Mme Cravache. Reprenons le cours. Tom, comment épelles-tu le mot “chat” ?

— Je ne sais pas », répondit Tom.

Anatole se pencha par-dessus sa table et chuchota à l'oreille de Tom :

« C-H-A-T.

— Merci », murmura Tom.

ET HOP !

Puis Anatole leva le doigt.

« Oui ? dit Mme Cravache.

— Il y a quelque chose que je ne comprends pas. Est-ce que

vous pouvez m'expliquer, s'il vous plaît ? »

Mme Cravache fronça les sourcils. Elle se méfiait d'Anatole. Mais puisqu'il fallait lui expliquer quelque chose... Elle s'avança jusqu'à son bureau et se pencha sur son cahier. Anatole en profita pour rapprocher sa tête de la sienne.

ET HOP !

Soudain on frappa à la porte. C'était Mlle Duroc qui arrivait, les bras chargés de peignes, brosses et autres instruments de torture.

« Tout le monde en rang ! ordonna Mme Cravache. Mlle Duroc va contrôler la tête de chaque élève. »

« Zut ! songea Anatole. Je n'ai pas eu le temps de terminer. »

Tous les élèves se pressèrent pour être les premiers. Mais tout à coup, ils se rappelèrent ce dont il s'agissait, et voulurent se déplacer en bout de rang. Anatole vit la panique générale et sauta sur l'occasion. Il se précipita parmi les élèves et se frotta à autant de têtes qu'il le put.

ET HOP !

ET HOP !

ET HOP !

« Anatole ! rugit Mme Cravache. Pas de récréation pour toi ! Tu seras puni ! Mets-toi au bout de la file et ne bouge plus. Et maintenant, silence tout le monde ! »

Margaret, qui s'était battue bec et ongles pour être la première, se présenta fièrement devant Mlle Duroc.

« Moi, déclara-t-elle, je suis propre. »

Mlle Duroc lui passa le peigne dans les cheveux.

« Il y a des poux ! » annonça-t-elle en lui remettant une notice de conseils antipoux.

Pour une fois, Margaret resta sans voix.

« Mais je... Mais... »

Dans son for intérieur, Anatole jubilait. Au moins, il ne serait pas le seul à avoir des poux.

« Au suivant ! » déclara Mlle Duroc.

Martin lui présenta ses cheveux en brosse.

« Il y a des poux ! proclama l'infirmière.

— Martin le pouilleux ! chantonna Anatole avec une joie sauvage.

— Au suivant ! »

La crinière blonde de Fanny reçut aussitôt son verdict :

« Il y a des poux ! Au suivant. »

Le peigne s'abattit sur les boucles brunes de Max.

« Des poux ! Des poux ! Des poux ! Des poux ! » répéta Mlle Duroc en désignant successivement Nicolas, Charlotte, Inès, Tom et Félix.

Puis l'infirmière s'approcha de Mme Cravache.

« Les instituteurs aussi doivent passer à la détection antipoux.

— Comment ? s'insurgea Mme Cravache. Mais j'enseigne depuis vingt-cinq ans, et jamais un pou n'est passé par ma chevelure ! Vous perdez votre temps avec moi. »

Sans tenir compte de ces protestations, l'infirmière planta son peigne dans les cheveux de l'institutrice.

« Hum hum... »

Elle se pencha pour lui dire quelque chose à l'oreille.

« NON ! fulmina Mme Cravache. C'est impossible ! NOOOOOOOOON ! »

Et, son papier de consignes

antipoux à la main, elle s'en alla rejoindre le rang des enfants désolés.

C'était maintenant au tour d'Anatole.

Mlle Duroc plongea son peigne dans la tignasse, et le fit glisser de haut en bas... Puis de bas en haut... Puis de gauche à droite, et de droite à gauche...

« Rien, annonça-t-elle. Rien de rien. Pas un pou. Félicitations, jeune homme ! Continuez comme ça.

— Merci, madame », répondit poliment Anatole.

En rentrant chez lui, il agita fièrement son certificat.

« Regarde, Petit Ange ! Je n'ai pas de poux ! »

Petit Ange fondit en larmes.

« Moi j'en ai, pleurnicha-t-il.

— Pas de chance », observa Anatole.

Chapitre 2

Anatole et le Kratapouillosaure

Anatole était en train de secouer sa tirelire pour en extraire ses économies. Demain, maman devait l'emmener au *Paradis des jouets*. Enfin il allait pouvoir s'acheter le coffret des Cocktails diaboliques dont il rêvait : tous les ingrédients pour préparer des boissons au goût infect ! Ah, la tête que ferait Petit Ange quand il découvrirait au petit déjeuner un cocktail à la place de son jus d'orange !

Mieux encore, Margaret Mal-Lunée en blêmirait de jalousie. Elle aussi rêvait de fabriquer des Cocktails diaboliques, mais elle n'avait pas assez d'argent pour s'acheter le coffret. Anatole jubilait à l'idée de pouvoir la narguer. Car lui, il avait fait des économies. À part quelques bandes dessinées et des bonbons de temps en temps, il n'avait rien acheté depuis des semaines.

Petit Ange passa la tête dans sa chambre.

« Moi, j'ai économisé soixante-dix francs, annonça-t-il fièrement en agitant sa tirelire en forme de cochon. C'est plus qu'il n'en faut pour m'acheter le kit "nature ". Et toi, combien d'argent as-tu ?

— Au moins un million », répondit Anatole.

Petit Ange pâlit.

« Non ! Ce n'est pas possible ! Vraiment ? »

Anatole secoua sa tirelire. Un tout petit tintement se fit entendre.

« Un million d'économies, ça fait plus de bruit ! ironisa Petit Ange.

— Les billets ne font pas de bruit, crétin ! rétorqua Anatole.

— Maman ! Maman ! Anatole m'a traité de crétin ! »

La voix de maman tonna depuis le couloir :

« Anatole ! Sois sage ! »

Pendant ce temps, Anatole était parvenu à ouvrir le couvercle de sa tirelire. Son contenu roula sur le sol.

Il y avait en tout et pour tout une pièce de deux francs.

Anatole poussa une exclamation

de surprise. Il ramassa sa tirelire et fouilla dedans avec fureur, mais elle était vide.

« Au voleur ! hurla-t-il. On m'a volé mon argent ! Où est mon argent ? »

Maman arriva en courant dans sa chambre.

« Qu'est-ce qui se passe ?

— Petit Ange m'a volé mes sous ! explosa Anatole. Espèce de voleur ! Attends un peu que je te mette la main dessus, et je...

— Anatole ! coupa maman. Personne n'a volé ton argent. C'est toi qui as tout dépensé en achetant des bonbons et des bandes dessinées !

— C'est pas vrai ! » cria Anatole.

Maman désigna la pile de

bandes dessinées et les emballages de bonbons qui jonchaient le sol de la chambre.

« Et ça, qu'est-ce que c'est ? »

Anatole se tut immédiatement. C'était vrai. Il avait tout dépensé, mais il ne s'en était pas aperçu.

« Ce n'est pas juste ! protesta-t-il.

— Moi, intervint Petit Ange, j'ai bien économisé. Comme je dis toujours, un sou est un sou.

— Bravo, mon chéri, le complimenta maman en souriant. Tu vois, Anatole ? J'espère que ça te servira de leçon.

— Je vais pouvoir m'acheter le kit "nature", trompeta Petit Ange. Tu vois, Anatole, tu aurais dû économiser aussi. C'est bête de tout gaspiller comme ça. »

Avec un rugissement de colère, Anatole se jeta sur son frère comme un Indien sur un cow-boy égaré.

« AU SECOURS ! gémit Petit Ange.

— Anatole ! Du calme ! Excuse-toi tout de suite !

— Je ne m'excuserai pas ! s'exclama Anatole. Je veux qu'il me rende mon argent !

— Si tu continues comme ça, tu ne viendras pas au Paradis *des jouets* ! » le menaça maman.

Anatole haussa les épaules. De toute façon, il n'avait pas d'argent à dépenser, alors à quoi bon aller dans un magasin de jouets ?

Après le départ de maman et Petit Ange, Anatole se coucha par terre, parmi les emballages de bonbons. Le coffret des Cocktails diaboliques coûtait cinquante francs. Il fallait qu'il trouve de l'argent d'ici le lendemain. Mais comment faire ?

Il aurait pu voler les économies de Petit Ange. L'idée était tentante, d'autant plus qu'il connaissait sa cachette secrète : son étui à violoncelle. Ce serait amusant de le dévaliser pour voir la tête qu'il ferait...

Mais papa et maman comprendraient tout de suite qui aurait été le voleur. Surtout si Anatole se retrouvait par la même occasion à la tête d'une petite fortune !

Il restait bien une solution... Vendre ses bandes dessinées à Martin !

« Non ! s'écria Anatole, saisi d'horreur à cette pensée. Tout mais pas ça ! »

Et soudain, la solution idéale lui apparut. C'était une idée brillante, spectaculaire, si magnifique qu'il se mit à danser de joie.

« À moi les Cocktails diaboliques ! murmura-t-il. Petit Ange me donnera tout l'argent dont j'ai besoin... Rira bien qui rira le dernier ! »

Petit Ange était dans sa chambre avec ses amis Aimé, Honoré et Constant, en pleine réunion du Club des garçons sages (devise : « Que puis-je faire pour vous ? »). Anatole se frotta les mains. Quelle chance ! Il allait pouvoir ramasser encore plus d'argent. Posté devant la porte, il écouta leur conversation par le trou de la serrure. Chacun racontait ses bonnes actions de la semaine :

« Moi, disait Petit Ange, j'ai aidé une vieille dame à traverser la rue, et en plus j'ai mangé tous mes légumes.

— J'ai rangé ma chambre tous les jours, ajouta Aimé.

— Moi, intervint Constant, je me suis bien souvenu de dire "pardon", "merci" et "s'il vous plaît".

— Moi, déclara Honoré, j'ai nettoyé la salle de bains sans qu'on me le demande. »

Anatole ouvrit brusquement la porte.

« C'est un club privé ! protesta Petit Ange. Pour entrer, il faut donner le mot de passe !

— Vitamines, répondit Anatole.

— Comment tu le connais ? s'étonna Aimé.

— Ça ne te regarde pas, rétorqua Anatole, qui était passé maître dans l'art de l'espionnage. Dites-moi, vous avez déjà entendu parler du Kratapouillosaure ? »

Les quatre garçons le regardèrent d'un air ahuri.

« Le Krata-quoi ? demanda Honoré.

— C'est un monstre atroce, répugnant, puant, carnivore et très dangereux, expliqua

Anatole. Et je sais où il se cache.

— Où ça ? s'enquit Constant.

— Je ne vous le dirai pas. »

Les garçons poussèrent un gémissement suppliant :

« Allez..., s'il te plaît, dis-le-nous... ! »

Anatole secoua la tête et baissa la voix.

« Le Kratapouillosaure ne sort

que la nuit, murmura-t-il. Il se tapit dans l'ombre, avance à pas de loup jusqu'à vous et ensuite... IL VOUS DÉVORE ! » conclut-il d'une voix tonitruante.

Le Club des garçons sages était terrorisé.

« C'est terrible ! soupira Petit Ange. Je n'avais jamais entendu parler du Kratapouillosaure.

— Tu es trop jeune pour ça, lui expliqua Anatole. Les adultes ne t'en ont pas encore parlé pour ne pas t'effrayer.

— Moi, décida Aimé, je veux le voir.

— Moi aussi », ajoutèrent en chœur Honoré et Constant.

Petit Ange hésita un instant.

« Ce n'est pas un piège, au moins, Anatole ?

— Bien sûr que non. Mais puisque tu doutes de moi, tu n'auras pas le droit de le voir.

— Oh, je t'en prie, laisse-moi venir avec vous !

— Bon, c'est d'accord. Rendez-vous dans le jardin à la tombée de la nuit. Ça vous coûtera vingt francs par personne.

— Vingt francs ! s'exclamèrent les garçons.

— Vous voulez voir le Kratapouillosaure, oui ou non ? »

Les garçons hésitèrent un moment, puis acceptèrent.

« Bon, conclut Anatole. Rendez-vous à six heures. Et n'oubliez pas les sous. »

Il s'éloigna en cachant son exultation. Si les choses continuaient à ce train, il allait pouvoir s'acheter, non seulement le coffret des Cocktails diaboliques, mais aussi celui de la Cuisine de l'horreur !

Tout à coup, il entendit des cris dans le jardin des voisins.

« Rends-moi ma pelle ! hurlait Margaret Mal-Lunée.

— Tu es vraiment méchante, Margaret, répondit la voix douce

de Charlotte. Je ne te la rendrai pas. C'est à mon tour de creuser. »

Pan ! Plaf ! Boum !

« Aïe ! Ouille ! »

Anatole fit un bref calcul. Si quatre personnes lui rapportaient quatre-vingts francs, six personnes... Six personnes... Bon, c'était encore plus d'argent gagné.

« Coucou ! chantonna-t-il en se hissant sur le mur mitoyen. Qu'est-ce qui se passe ?

— Fiche le camp ! rétorqua Margaret.

— Oui ! renchérit Charlotte à travers ses larmes. On n'a pas besoin de toi !

— D'accord. Mais vous ne saurez rien du Kratapouillosaure que j'ai trouvé...

— On s'en moque, de ton machin, rétorqua Margaret l'air revêche.

— On s'en fiche complètement, renchérit Charlotte.

— Très bien. Mais ne venez pas vous plaindre si le Kratapouillo-

saure escalade le mur et qu'il vous déchiquette ! »

Anatole entreprit de descendre du mur. Mais cette fois, la curiosité des filles était excitée.

« Attends ! ordonna Margaret.

— Oui ?

— Tu ne me fais pas peur.

— Alors prouve-le ! la défia Anatole.

— Et comment ?

— Rendez-vous à six heures dans mon jardin. Je vous montrerai le Kratapouillosaure, mais ça vous coûtera vingt francs par personne.

— Hors de question ! coupa Margaret. Allez, Charlotte, viens, on le laisse...

— Attendez ! Dix francs chacune, d'accord ?

— Non, dit Margaret.

— Je vous rends votre argent si le Kratapouillosaure ne vous fait pas peur. »

Un sourire se dessina sur les lèvres de Margaret.

« Dans ce cas, d'accord. »

Il n'y avait encore personne dans le jardin. Anatole se glissa entre les buissons et y cacha un sac rempli des accessoires : un vieux T-shirt déchiré, un pantalon sale et une grande bouteille de ketchup. Puis il rentra à la maison et attendit la tombée de la nuit.

« Merci, merci, merci... Merci », dit Anatole en recevant l'argent des membres du Club des garçons sages.

Il déposa les pièces dans sa tirelire avec soin. Quelle fortune !

Margaret et Charlotte lui tendirent dix francs chacune.

« Mais attention, lui rappela Margaret, si nous ne sommes pas satisfaites, tu nous rends notre argent.

— Tais-toi ! l'interrompit Anatole. Je vais risquer ma vie pour vous, et tu ne penses qu'à l'argent ! Bon, restez tous là où vous êtes et surtout, ne bougez pas. Ne parlez pas non plus. Le Kratapouillosaure a l'ouïe très fine. Il faut que je le prenne par surprise, sinon... »

Il marqua une pause et se passa deux doigts sur la gorge.

« Sinon, je suis un homme mort ! compléta-t-il. Je vais maintenant partir à la recherche du monstre. Quand je l'aurai trouvé, je sifflerai deux fois. À ce moment-là, rejoignez-moi sans faire de bruit. À vos postes ! »

Et Anatole disparut dans les ténèbres du jardin.

Pendant un long moment, on n'entendit rien.

« C'est débile, ce jeu », déclara Margaret.

Mais soudain un grondement caverneux s'éleva dans la nuit noire.

« Qu'est-ce que c'est ? s'étrangla Honoré.

— Anatole ? Ça va, Anatole ? » s'écria Petit Ange.

Le grondement se transforma en rugissement. Un bruit de course effrénée, de branches cassées lui succéda, puis on entendit la voix d'Anatole :

« AU SECOURS ! AU SECOURS ! LE KRATA-POUILLOSAURE EST À MES TROUSSES ! VITE, CACHEZ-VOUS ! »

Anatole apparut au détour d'un buisson, avec un T-shirt et un pantalon en loques et du sang partout.

Le Club des garçons sages poussa un hurlement de terreur et s'enfuit en courant.

Charlotte tourna les talons avec un cri perçant.

Margaret détala.

Anatole cessa aussitôt de crier. Il attendit pour être sûr que tout le monde soit parti, puis il essuya le ketchup qui lui couvrait la figure et, serrant sa tirelire contre lui, se mit à danser de joie dans le jardin.

« Des sous ! Des sous ! Plein de sous pour moi ! » chantait-il à tue-tête.

Il sautait et virevoltait. Il était si joyeux qu'il ne remarqua pas la silhouette qui se glissait dans l'ombre du jardin.

« Des sous ! Des sous ! Plein de sous pour moi ! Plein... »

Il s'interrompit soudain en entendant un bruit étrange. Sa gorge se serra.

« Mais non ! se dit-il. Ce n'est rien. »

Au même instant, une forme jaillit des buissons en poussant un rugissement horrible.

Anatole hurla de terreur, laissa tomber son butin et s'enfuit en courant. La forme ramassa la tire-lire et grimpa par-dessus le mur.

Anatole courut jusqu'à sa chambre, où il se barricada, le cœur battant. Le Kratapouillo-saure existait vraiment ! Trem-blant, il se mit au lit et se cacha sous les couvertures. Est-ce que le monstre allait venir le chercher jusque-là ?

Il ne ferma pas l'œil de la nuit. Au moindre craquement, au moindre grincement, il sursautait en poussant des gémissements de terreur. Le lendemain matin, il dormit très tard mais d'un sommeil agité, se tournant et se retournant dans son lit.

Il fut réveillé par une série de petits bruits.

PSCHITT ! POP ! GLOU... GLOU ! POP ! PSCHITT !

Anxieux, il sortit la tête de sa couette. Qu'est-ce que c'était que ça ?

PSCHITT ! POP ! GLOU... GLOU ! POP ! PSCHITT !

On aurait dit un cachet d'aspirine géant en train de se dissoudre dans un verre... Et cela venait de dehors, ou plus exactement, du jardin des voisins...

Anatole courut à la fenêtre et ouvrit les rideaux. Dans son jardin, Margaret Mal-Lunée, assise devant un grand sac du Paradis des jouets, était en train de fabriquer... des Cocktails diaboliques !

En apercevant Anatole, elle leva son verre rempli d'un abominable liquide noir bouillonnant.

« Salut, Anatole ! J'ai inventé le Cocktail du Kratapouillosaure. Tu en veux ? » demanda-t-elle avec un sourire innocent.

Chapitre 3

L'excursion scolaire

« Papa ! Maman ! N'oubliez pas mon pique-nique pour l'excursion ! cria Anatole pour la dixième fois. Je veux des chips, des gâteaux, du chocolat et du jus de fraise avec des bulles !

— Il n'en est pas question, répondit papa en épluchant des

carottes. Je suis en train de te préparer un bon déjeuner plein de vitamines.

— Je ne veux pas de vitamines ! Je veux des bonbons !

— Moi, intervint Petit Ange, je n'aime pas les bonbons. »

Il jeta un coup d'œil à son panier de pique-nique.

« Formidable ! Une pomme ! Et un sandwich crudités au pain complet ! avec des carottes et du céleri en bâtonnets ! Oh merci, papa. Anatole, il faut manger des vitamines, pour devenir grand et fort !

— En attendant, c'est moi le plus fort, et si tu continues à m'énerver, je vais te le prouver », rétorqua Anatole, l'air mauvais.

Et il lança à son frère le regard

du boa constricteur qui hypnotise sa proie avant de l'étouffer.

« Au secours ! s'écria Petit Ange.

— Anatole, sois sage ! intervint maman. Sinon, tu n'iras pas en excursion. »

Anatole lâcha son frère. Il ne voulait pas manquer l'excursion : pas de travail, pas de cantine, un pique-nique et une journée de libre... Le rêve !

« Moi, avec ma classe, je vais à l'usine de crèmes glacées "Esquimau". Nous allons tous manger des glaces gratuitement. Youpi !

— Je n'aime pas les glaces, objecta Petit Ange. L'excursion que ma maîtresse a choisie est bien plus intéressante : nous allons au musée municipal. Et maman vient avec nous, comme parent d'élève surveillant !

— Je préférerais être rôti vif par des cannibales plutôt que d'aller à ce musée débile, ricana Anatole. Maman m'y a traîné une fois, et ça suffit ! Plus jamais ! »

Mais soudain, il remarqua le T-shirt de Petit Ange... Un T-shirt violet avec des étoiles jaunes... Exactement le même que le sien !

« Espèce de copieur ! Je t'interdis de porter les mêmes affaires que moi à l'école !

— Allons, Anatole, ce n'est pas grave, dit maman. Vous n'allez pas à l'école, mais dans deux excursions différentes. Personne ne remarquera vos T-shirts.

— Tu n'as pas intérêt à t'approcher de moi, souffla Anatole à Petit Ange. Je ne veux pas qu'on nous prenne pour des frères ! »

Les élèves de la classe d'Anatole se pressaient pour monter dans le bus et prendre les meilleures places.

« Moi, j'ai des chips ! annonça Félix.

— Et moi, des caramels au

chocolat, des sucettes et plein de jus de fraise ! déclara Max.

— C'est pas vrai ! gémit Nicolas. J'ai oublié mon pique-nique !

— SILENCE ! ordonna Mme Cravache alors que le bus démarrait. Tenez-vous tranquilles. Personne ne mange dans le car. Nicolas, arrête de pleurer.

— Je veux faire pipi ! s'écria Fanny.

— Il va falloir attendre », objecta Mme Cravache.

Anatole s'était précipité vers les sièges du fond, à côté de Max et Martin. À cette place, Mme Cravache ne le voyait pas, et il pouvait faire des grimaces aux automobilistes par la vitre arrière.

Les trois amis s'installèrent à

genoux sur les sièges, dans le sens inverse de la marche, et chantèrent en chœur :

« Les haricots, c'est bon pour la santé. Mais quand j'en mange, je n'arrête pas de p...

— ANATOLE ! coupa Mme Cravache. Retourne-toi immédiatement !

— Je veux faire pipi ! cria Félix.

— Anatole, murmura Martin en exhibant un gros paquet de bonbons. Regarde ce que j'ai !

— J'en veux ! dit Anatole

— Moi aussi », ajouta Max.

Ils plongèrent la main dans le sac et engloutirent une dizaine de bonbons chacun.

« Beurk ! observa Anatole en sortant de sa bouche un bonbon tout gluant. Celui-ci est au citron vert. »

Il le lança en l'air.

PLOC !

Le bonbon atterrit dans le cou de Margaret Mal-Lunée.

« Oh ! » s'écria-t-elle.

Puis elle se retourna pour voir d'où il provenait.

« Arrête tes bêtises, Anatole ! gronda-t-elle.

— Je n'ai rien fait ! »

PLOC !

Un deuxième bonbon atterrit dans les cheveux de Charlotte.

PLOC !

Un bonbon sur le pull tout neuf de Julien.

« Madame ! Anatole nous jette des bonbons ! s'écria Margaret.

— Anatole ! Viens t'asseoir à côté de moi, tout de suite, ordonna Mme Cravache.

— Je veux faire pipi », gémit Nicolas.

Enfin le bus arriva à l'usine de glaces. Un esquimau géant recouvert de chocolat et de noisettes en plâtre, mais néanmoins alléchant, ornait la façade.

« On y est ! s'écria Anatole.

— Vive les glaces ! Vive les esquimaux ! Vive les cônes et les cornets ! s'écrièrent en chœur les élèves au moment où le bus s'arrêta devant les grilles de l'usine.

— Qu'est-ce qu'on attend ? demanda Max. Moi, je veux manger une glace. Tout de suite ! »

Anatole passa la tête par la fenêtre. Le portail de l'usine était fermé par une chaîne à laquelle pendait un écriteau portant la mention : FERMÉ LE LUNDI.

Mme Cravache devint toute pâle.

« Incroyable ! murmura-t-elle. Les enfants, écoutez-moi... Il y a un problème. On s'est trompés de jour. Mais ce n'est pas grave : à la place, nous irons...

— Au musée des sciences ! s'écria Inès.

— Au zoo ! proposa Félix.
— Au magasin de jeux vidéo, cria Anatole.
— Non, trancha Mme Cravache. Au musée municipal. »
Un grognement de dégoût s'éleva parmi les élèves. Anatole, à lui tout seul, grogna aussi fort que tous les autres réunis.

Les enfants laissèrent leurs manteaux et leurs pique-niques dans le vestiaire du musée, et suivirent le guide dans la salle 1.
« Nous allons d'abord admirer la collection d'élastiques de M. Dupont, annonça le guide, puis notre exposition de gonds de portes et de colliers de chiens à travers les âges. Ne vous inquiétez pas, vous pourrez

aussi admirer nos dernières acquisitions : du terreau du jardin de Mme Gromelot, et les photos du bébé de Monsieur le Maire. »

Anatole cherchait une issue pour s'échapper de ce cauchemar.

« J'ai besoin d'aller aux toilettes, prétendit-il.

— Dépêche-toi ! ordonna Mme Cravache. Et reviens tout de suite ! »

Les toilettes étaient juste à côté du vestiaire.

Anatole voulut s'assurer que personne n'avait volé son pique-nique. Le panier était bien là, à côté de celui de Martin.

« Tiens, si je regardais ce que Martin a apporté à manger », se dit Anatole.

Il n'y avait pas de mal à ça. Simple curiosité.

Il ouvrit le paquet et étouffa une exclamation : celui-ci était plein de chips et de bonbons avec, ô splendeur, un sandwich de pain de mie au chocolat.

« Martin va se rendre malade s'il mange toutes ces sucreries,

songea Anatole. Je vais lui faire un petit cadeau. »

Il ne lui fallut qu'une seconde pour échanger son sandwich aux crudités contre la tartine pain de mie-chocolat.

Poussé par l'enthousiasme, Anatole examina ensuite le pique-nique de Max.

« Le pauvre ! Lui aussi n'a pratiquement que des sucreries... Je vais lui faire une faveur : quelques bâtonnets de carotte et de céleri contre ses bonbons au caramel. »

Le déjeuner de Charlotte était à faire pitié, lui aussi. Dans un élan de générosité, Anatole lui échangea ses raisins secs biologiques contre un affreux beignet à la confiture de framboises.

« Les parents de Bob exagèrent, vraiment ! murmura Anatole en examinant le pique-nique de son camarade. Toutes ces barres chocolatées, c'est mauvais pour les dents ! Je vais lui donner ma pomme en échange. »

Une fois sa distribution terminée, il regarda son propre panier avec satisfaction, puis il courut rejoindre sa classe. Les élèves étaient rassemblés devant une grande boîte en plexiglas.

« Voici le terreau où Mme Gromelot, citoyenne d'honneur de

notre ville, a fait pousser ses légumes primés au concours agricole. Navets, tomates, pommes de terre et poireaux sont en effet...

— Quand est-ce qu'on mange ? l'interrompit Anatole.

— Moi aussi j'ai faim, pleurnicha Max.

— Mon estomac fait des glouglous, ajouta Martin.

— C'est quand, la pause-déjeuner ? grommela Margaret.

— NOUS AVONS FAIM ! s'écrièrent les enfants en chœur.

— C'est bon ! concéda Mme Cravache. Nous allons manger tout de suite. »

Les élèves se précipitèrent dans le vestiaire et déballèrent leur déjeuner. Anatole, assis dans un coin, se fit aussi discret que possible. Pendant quelques instants, un silence stupéfait régna dans la pièce. Puis des cris de déception s'élevèrent.

« Où est mon beignet à la confiture ? s'insurgea Charlotte.

— Je ne trouve plus mes caramels ! protesta Max.

— Quoi ? Un sandwich aux crudités ? Mais c'est dégoûtant ! » s'écria Martin en jetant le sandwich sur Julien.

Ce fut le déclenchement d'une bagarre générale. La pièce fut traversée de branches de céleri volant, de barres de céréales, de raisins et de pommes. Anatole riait sous cape en essuyant les traces de chocolat autour de sa bouche.

« Arrêtez ! Arrêtez tout de

suite ! s'égosilla Mme Cravache. Bravo, Anatole. Tu es le seul à être resté sage pendant ce chaos. Ce sera toi qui conduiras le groupe en salle 2. »

Anatole prit fièrement la tête de la classe, pendant que ses camarades le suivaient en traînant les pieds. Au bout du couloir, il remarqua un ascenseur sur lequel était affiché le message suivant :

RÉSERVÉ
AU PERSONNEL
DÉFENSE D'ENTRER

« Je me demande où va cet ascenseur », se dit-il, en se dirigeant dans cette direction. Derrière lui, un gardien du musée l'interpella :

« Pas par là ! Arrêtez ! »

Mais il était trop tard. Anatole était déjà dans l'ascenseur.

Il appuya sur le dernier bouton et se laissa emporter vers le haut. Lorsque les portes s'ouvrirent, il se retrouva dans une petite salle pleine d'objets divers : des piles de livres qui n'avaient jamais été rendus à la bibliothèque, une exposition inachevée sur « les ampoules électriques de 1965 à nos jours », et des rangées de cailloux.

Puis, dans un coin, il remarqua enfin quelque chose d'intéressant : un squelette de chien entouré de quatre piquets reliés par un cordon de couleur bleue.

Il s'approcha pour mieux voir.

« Bof, se dit-il, ce n'est qu'un tas de vieux os... »

Mais le cordon, en revanche, l'intéressait beaucoup. Il commença par le faire balancer, puis décida de monter dessus.

« Regardez-moi, je suis le funambule du cirque Anatole, le meilleur funambule du... Oups... AAAAAAAAAAh ! »

Anatole perdit l'équilibre et

s'étala de tout son long sur le squelette.

CLIC ! CLAC ! PLIF ! PLAF !

Les os s'éparpillèrent par terre.

DRIIIIIIIIIIIING !

L'alarme antivol du musée se déclencha immédiatement.

Des gardiens en uniforme se précipitèrent dans la pièce. Anatole, avant qu'ils aient eu le temps de le voir, se faufila entre leurs jambes et dévala l'escalier.

Il déboucha dans une grande salle pleine de panneaux de signalisation routière et de vieux tickets de bus. À l'autre bout de la salle, la classe de Petit Ange s'était rassemblée autour d'un panneau intitulé Histoire des égouts.

« Aïe ! songea Anatole. Maman est là ! »

Il se cacha précipitamment derrière un grand panneau RALENTIR TRAVAUX, juste à temps : les gardiens arrivaient.

« Le voilà ! cria l'un d'entre eux. C'est ce garçon là-bas, avec le T-shirt violet et jaune ! »

Anatole resta cloué sur place. Il était fait comme un rat. Mais à sa grande surprise, les gardiens dépassèrent sa cachette et se dirigèrent d'un pas décidé vers Petit Ange qu'ils extirpèrent de son groupe.

« Viens ici, petit voyou ! Tu vas passer le reste de la visite en pénitence dans le bureau du directeur !

— Mais... mais..., protesta Petit Ange.

— Il n'y a pas de "mais" qui

tienne ! tonna le gardien. Qui est responsable de cet enfant ?

— C'est moi, dit maman. Je ne comprends pas ce qui se passe.

— Suivez-nous aussi », lui intima le gardien d'un ton sans réplique.

Outrés et furieux, maman et

Petit Ange s'éloignèrent avec le gardien.

Puis Anatole entendit résonner le timbre rauque et autoritaire d'une voix bien connue.

« Margaret ! disait Mme Cravache. Cesse de pousser tes camarades ! Bob ! Cesse de chercher la bagarre ! Nicolas ! Arrête de geindre ! Le car s'en va dans cinq minutes. Que tous les élèves se dirigent calmement vers la sortie. »

Aussitôt, tout le monde se mit à courir. Anatole profita de la confusion générale pour se glisser parmi ses camarades.

Mme Cravache le repéra aussitôt.

« Anatole ! Où étais-tu passé ?

— Je voulais voir le plus de

choses possible dans ce merveilleux musée, répondit Anatole. On reviendra bientôt ? »

Chapitre 4

Anatole et les invités

PSCHITT ! POP ! GLOU... GLOU ! POP ! PSCHITT !

Assis sur le carrelage de la cuisine, Anatole préparait un Cocktail diabolique. Un liquide violet, épais et fumant bouillonnait dans son verre.

CRUNCH ! GLOUB ! BEURK ! CRAC !

À côté de lui, un grand coffret portant le nom de Cuisine de l'horreur débordait de chips pourries et de cacahuètes qu'il venait de fabriquer.

Papa entra dans la cuisine.

« Tu veux des chips ? lui proposa Anatole avec un ricanement sinistre.

— Non ! répondit papa en enfilant le tablier. Et je t'ai déjà dit que je ne voulais pas voir ces horreurs ici. Monte dans ta chambre. Je me demande bien pourquoi mamie t'a offert ces jeux répugnants. »

Anatole haussa les épaules.

« Écoute-moi bien, reprit papa tout en étalant une pâte à tarte.

La nouvelle patronne de maman vient dîner à la maison avec son mari. Ils arrivent dans une heure. J'exige une coopération totale et un comportement impeccable. C'est compris ?

— Hmmm », répondit Anatole, les yeux rivés sur la machine à faire de la mousse.

Ses parents n'invitaient pas souvent des gens à dîner. La dernière fois, Anatole était descendu dans la cuisine pendant le repas et il avait mangé tout le gâteau au chocolat que papa avait préparé, après quoi il avait vomi sur le canapé. La fois d'avant, il avait disposé des coussins péteurs sur les chaises de tous les invités, mordu Petit Ange et cassé la rampe en la descendant à califourchon.

Papa disposait les casseroles sur le feu.

« Qu'est-ce que tu prépares ? demanda Petit Ange qui rangeait ses timbres de collection.

— De la tarte au saumon à l'oseille.

— Miam ! J'adore ça.

— Moi, je déteste ! déclara Anatole. Je veux de la pizza. Et comme dessert ?

— Une mousse au chocolat.

— Vous voulez que je vous aide ? proposa Petit Ange.

— Avec plaisir, intervint maman. Tu pourras faire passer les chips et les cacahuètes pendant l'apéritif. »

Des chips ? Des cacahuètes ? Anatole dressa l'oreille.

« Moi aussi, je veux aider.

— Nous verrons, répliqua maman.

— Moi, dit Petit Ange, je suis d'avis qu'Anatole ne passe pas les chips et les cacahuètes. Il va tout manger.

— Ferme ta boîte ! lui intima Anatole.

— Maman ! Anatole m'a dit de fermer ma boîte !

— ANATOLE ! intervint papa en découpant le saumon en morceaux. Sois sage ! »

Pendant que papa terminait la garniture de la tarte, maman sortit les assiettes en porcelaine pour mettre la table.

« Tu n'en as pas mis assez ! remarqua Anatole. Il n'y en a que quatre !

— C'est parfait : une pour Mme Lespote, une pour M. Lespote, une pour papa et une pour moi.

— Et moi ? demanda Anatole.

— Et moi ? ajouta Petit Ange.

— C'est un dîner pour les adultes, expliqua maman.

— Quoi ? Tu veux... me mettre... au lit ? balbutia Anatole.

Je ne... mange pas... avec vous ?

— Non, dit papa.

— Ce n'est pas juste ! hurla Anatole. Et qu'est-ce que je vais manger pour dîner ?

— Un sandwich au fromage. Il faut que je me dépêche pour que tout soit prêt à temps, et j'ai déjà perdu deux minutes.

— Je ne mangerai pas cette saleté ! s'indigna Anatole en jetant son sandwich par terre. Je veux de la pizza !

— Ton sandwich est très bon, papa, dit Petit Ange en avalant une bouchée du sien. Je comprends que les adultes aient besoin de se retrouver un peu entre eux. »

Anatole se précipita sur son frère pour le rouer de coups.

« Au secours ! hurla Petit Ange.

— Anatole, ça suffit ! tonna maman. Au lit, tout de suite !

— Non ! Je veux de la mousse au chocolat !

— Monte dans ta chambre et restes-y ! »

DING-DONG !

« Aïe ! s'écria papa. Ils sont en avance. Et moi qui n'ai pas fini ma mousse au chocolat ! »

Anatole monta dans sa chambre en tapant des pieds et claqua violemment la porte. Il était tellement en colère qu'il ne pouvait plus parler. Quelle injustice ! Papa et maman allaient bien se régaler en mangeant de la mousse au chocolat, et lui, et lui... L'odeur exquise du chocolat fondu pénétrait sous la porte, et son

estomac criait famine. Ah non ! Il n'allait quand même pas rester au lit pendant que tout le monde s'amusait en bas.

CRIIIIIN ! OUIIIIN ! CRAIIIING !

Et voilà que Petit Ange avait sorti son violoncelle. Sans doute jouait-il un morceau pour les invités. Mais alors... Anatole se calma... Alors il n'y avait plus personne à la cuisine !

« Cacahuètes salées, me voilà ! » murmura-t-il.

Anatole descendit l'escalier à pas de loup. Le bruit grinçant du violoncelle continuait dans le salon. La cuisine était vide. Sur la table, trônaient deux bols de chips et de cacahuètes, ainsi que les verres déjà disposés sur un plateau.

« Miam ! songea Anatole. Il y a même des noix de cajou ! C'est ce que je préfère... »

En quelques secondes, les noix de cajou avaient disparu. Il n'en restait que trois au fond du bol.

« Oh zut ! Qu'est-ce que je vais faire maintenant ? »

PSCHITT ! POP ! GLOU... GLOU ! POP ! PSCHITT !

CRUNCH ! GLOUB ! BEURK ! CRAC !

Le Cocktail diabolique et la Cuisine de l'horreur étaient toujours là... Mais oui ! Anatole se frappa le front du plat de la main. Il avait trouvé la solution ! Et en outre, ça lui permettrait de tester ses recettes...

Il examina les chips pourries qu'il avait préparées. Elles avaient l'air de chips normales... Tant qu'on n'y goûtait pas ! Mais que faire avec les bonnes chips qui étaient déjà dans le bol ?

« Miam miam ! » songea Anatole en dévorant les chips à toute vitesse.

Puis il remplit le bol avec ses chips pourries.

Ensuite, il répartit son Cocktail diabolique dans des verres qu'il reposa soigneusement sur le plateau.

« Parfait ! murmura Anatole. Maintenant, je n'ai plus qu'à fabriquer des noix de cajou. »

Mais il n'eut pas le temps de mettre son projet à exécution, car la porte s'ouvrit brusquement.

« Qu'est-ce que tu fabriques ici, Anatole ? demanda papa. Je te croyais au lit.

— Maman a dit que je pouvais servir l'apéritif. »

Sans rougir de son mensonge, il saisit les deux bols et passa

au salon. Des applaudissements saluaient le concert de Petit Ange.

« Qu'il est charmant ! s'exclama Mme Lespote.

— Et quel talent ! renchérit M. Lespote.

— Bonjour, monsieur et madame Despote ! » claironna Anatole.

Maman se mordit la lèvre.

« C'est "Lespote", mon chéri, pas "Despote", dit-elle en rougissant.

— Mais c'est comme ça que tu les appelles ! objecta Anatole avec un sourire charmeur.

— Anatole était en train d'aller se coucher, expliqua maman.

— Non, non ! Je suis venu servir l'apéritif. Tu ne te souviens pas, maman ? Les noix de cajou et les chips !

— Oh ! j'adore les noix de cajou, s'exclama Mme Lespote.

— Je t'avais dit de rester dans ta chambre, souffla maman avec fureur.

— Maman ! pleurnicha Petit Ange. Tu m'avais dit que je pourrais distribuer les chips !

— Tiens, Petit Ange, tu peux les prendre si tu veux », proposa Anatole d'un air gracieux.

Et il lui passa le bol de chips pourries.

« Vous voulez des noix de cajou, madame Despote ?

— Lespote ! corrigea maman.

— Volontiers. J'adore ça. »

Mme Lespote plongea la main dans le bol quasiment vide et ramassa les trois noix qui restaient. Mais Anatole, furieux, l'obligea à en remettre deux.

« Vous n'avez droit qu'à une à la fois. Ce n'est pas bien d'être gourmande !

— ANATOLE ! s'exclama

maman. Ne parle pas comme ça !

— Vous en voulez une autre ? demanda Anatole en agitant le bol devant le nez de Mme Lespote.

— Euh... Oui, volontiers, mais... »

Trop tard. Anatole était déjà passé au convive suivant.

« Maman, tu en veux une ? »

Maman tendit la main pour prendre une noix de cajou, mais Anatole s'esquiva prestement.

« Arrête ! s'écria maman.

— Je vous en prie, madame Lespote, servez-vous de chips », proposa Petit Ange en lui tendant son bol.

Mme Lespote prit une grosse poignée de chips pourries et les fourra toutes dans sa bouche.

Aussitôt son visage vira au violet, puis au rose, puis au vert.

« Beurk ! s'écria-t-elle en recrachant tout sur son mari.

— Petit Ange ! Va vite chercher quelque chose à boire pour Mme Lespote ! »

Petit Ange se précipita à la cuisine et revint avec un verre rempli d'un jus violet non identifié.

« Merci », soupira Mme Lespote en avalant le contenu d'un trait.

Mais aussitôt...

« BEUAAARK ! »

Elle recracha tout, et se mit à crier :

« Petit monstre ! Tu as essayé de m'empoisonner ! »

Elle se leva, battant des bras, et se cogna contre papa qui apportait justement un plateau de verres de champagne.

CRAC ! PLAF !

Maman, papa, Petit Ange, M. et Mme Lespote étaient trempés.

« Petit Ange ! Qu'est-ce que tu as fait ? » s'écria maman.

Sans rien répondre, Petit Ange s'enfuit de la pièce en pleurant.

« Je suis désolée, madame Lespote...

— Ce n'est pas grave, répondit Mme Lespote en serrant les dents.

— Que tout le monde s'assoie ! ordonna Anatole. Pour vous

détendre, je vais vous présenter un petit spectacle.

— Non ! dit maman.

— Surtout pas ! s'exclama papa.

— Mais Petit Ange a joué du violoncelle ! MOI AUSSI JE VEUX FAIRE UN SPECTACLE !

— Bon, soupira maman, c'est d'accord, mais pas trop longtemps. »

Anatole se mit à chanter. Tout le monde se boucha les oreilles.

« Pas si fort ! » supplia maman.

Anatole exécuta une danse. Il écrasa au passage les pieds de tout le monde.

« Aïe ! gémit Mme Lespote en se frottant les orteils.

— À présent, ça suffit », annonça papa.

Mais Anatole voulait encore jongler un peu. Il laissa tomber ses deux balles sur la tête de M. Lespote.

« Ouille !

— Et maintenant, une démonstration de karaté ! annonça Anatole.

— NON ! » s'écrièrent en chœur maman et papa.

Mais Anatole était déjà lancé. À coups de pied et à coups de poing, il se jeta sur M. Lespote, et le fit voler à l'autre bout de la pièce.

Et hop ! sa perruque voltigea.

Et clac ! Son dentier partit en vol plané.

« Marcel ! hurla Mme Lespote. Ça va, Marcel ? Réponds-moi !

— Ooooh..., gémit faiblement M. Lespote.

— C'était super, non ? commenta Anatole. Vous voulez que je vous en fasse une autre ? »

Au même moment, une odeur de brûlé envahit la pièce.

« Qu'est-ce que c'est que cette odeur ? demanda Mme Lespote.

— Misère de misère ! dit papa.

C’est ma tarte au saumon qui brûle. »

Maman et papa se précipitèrent dans la cuisine, suivis par M. et Mme Lespote. Une fumée noire sortait du four. Maman saisit un gant molletonné et tenta de sortir la tarte carbonisée.

Mais au milieu de ses efforts... CRAAAC !

« Attention ! » prévint papa.

Trop tard : d'un coup de coude, elle avait bousculé le saladier de mousse au chocolat qui s'écrasa sur le sol.

Il y avait de la mousse partout. Par terre, sur le plafond et sur les murs, mais aussi sur M. et Mme Lespote, sur papa et sur maman.

Et sur Anatole.

« C'est affreux, soupira maman en essuyant une larme. Qu'allons-nous faire ?

— Je m'en occupe, maman. Pas de panique. »

Anatole se dirigea vers le téléphone et composa le numéro de S.O.S. PIZZA.

« Allô ? Je voudrais une pizza

géante, fromage, jambon et champignons, pour cinq personnes, s'il vous plaît ! »

Table

1. Anatole et la guerre des poux 7
2. Anatole et le Kratapouillosaure ... 35
3. L'excursion scolaire 65
4. Anatole et les invités 93

Dans la même collection...

Mademoiselle Wiz,
une sorcière particulière.

Mini, une petite fille
pleine de vie !

Fantômette,
l'intrépide
justicière.

Avec le Club des Cinq,
l'aventure est toujours
au rendez-vous.

Kiatovski,
le détective en baskets
qui résout
toutes les enquêtes.

Dagobert,
le petit roi
qui fait tout à l'envers.

Rosy et Georges-Albert,
le duo de choc
de l'Hôtel Bordemer.

Avec Zoé,
le cauchemar devient
parfois réalité.

BIBLIOTHÈQUE ROSE

Imprimé en France par ***Partenaires-Livres***®
n° dépôt légal : 27666 - janvier 2003
20.20.0273.01/1 ISBN : 2-01-200273-0
Loi n°49-956 du 16 juillet 1949
sur les publications destinées à la jeunesse